PANÉGYRIQUE

DE

SAINT DOMINIQUE

PRONONCÉ LE 7 AOUT 1887

DANS L'ÉGLISE SAINT-JEAN DE DIJON

PAR

L'abbé J. CORNU

du Clergé de Besançon

> *Elegi vos et posui vos ut eatis et fructum afferatis et fructus vester maneat.*
>
> Je vous ai élus, je vous ai établis pour que vous marchiez, que vous portiez des fruits de salut et que ces fruits demeurent éternellement.
>
> S. Jean, ch. xv, v. 16.

DIJON

IMPRIMERIE DE L'UNION TYPOGRAPHIQUE

Damongeot et Cie

40, RUE SAINT-PHILIBERT, 40

1887

PANÉGYRIQUE

DE

SAINT DOMINIQUE

PRONONCÉ LE 7 AOUT 1887

DANS L'ÉGLISE SAINT-JEAN DE DIJON

PAR

L'abbé J. CORNU

, du Clergé de Besançon

> *Elegi vos et posui vos ut eatis et fructum*
> *afferatis et fructus vester maneat.*
>
> Je vous ai élus, je vous ai établis pour
> que vous marchiez, que vous portiez des
> fruits de salut et que ces fruits demeurent
> éternellement.
> S. JEAN, ch. xv, v. 16.

DIJON

IMPRIMERIE DE L'UNION TYPOGRAPHIQUE

Damongeot et Cie

40, RUE SAINT-PHILIBERT, 40

—

1887

PANÉGYRIQUE

DE

SAINT DOMINIQUE

Mes chers Frères,

Dans l'ardente mêlée d'idées et de passions qu'on appelle le monde, dans ce tourbillon de doctrines et d'évènements, quoi de beau et de doux comme la physionomie
des Saints dominant ce tumulte? Cette vue n'est pas
seulement une pure joie, un simple délassement pour
l'âme, c'est une féconde instruction dont la clarté rejaillit
sur l'histoire : Les Saints furent toujours l'instrument de
la divine sagesse et comme l'objet spécial de l'amour divin
dans la direction des choses humaines. Aussi, le même
sentiment d'admiration qui inspirait autrefois la harpe du
prophète royal fait mouvoir encore aujourd'hui les cordes
les plus vibrantes de nos cœurs, et de nos lèvres s'échappe
toujours le cri du psalmiste : Dieu est admirable dans ses
Saints, *Mirabilis Deus in Sanctis suis*. Il est admirable
dans tous les ouvrages sortis de ses mains divines, dans
le brin d'herbe que nous foulons aux pieds aussi bien que
dans ces myriades de mondes semés comme la poussière
de ses pas dans les plaines de l'immensité; mais nulle part
la magnificence divine n'éclate comme dans les Saints, ces
chefs-d'œuvre de la grâce, ces merveilles de l'Univers, ces
images vivantes de l'éternelle Sainteté, devant laquelle pâ-
lit toute gloire humaine : *Mirabilis Deus in Sanctis suis*.
Or, Mes Frères, parmi ces élus, il en est qui brillent d'un
éclat plus vif au Ciel de l'Église, ce sont ceux que le pro-

phète Isaïe saluait mille ans d'avance par ces paroles :
Qu'ils sont beaux les pieds de ceux qui évangélisent la
paix et qui annoncent le salut! ceux que le Sauveur a asso-
ciés à ses travaux et à qui il a dit : « Je vous ai élus, je
vous ai établis pour que vous marchiez, que vous portiez
des fruits et que ces fruits demeurent » ; ceux enfin qui,
s'élançant à la suite des Apôtres pour continuer leur ministère, ont jeté dans le monde, à travers les siècles, la se-
mence du salut qui a germé au Calvaire.

C'est un de ces héros que je dois célébrer aujourd'hui.
Il me suffirait pour cela de vous montrer ces saints et élo-
quents religieux qui chaque jour reproduisent devant vous
les œuvres et les enseignements de leur glorieux fondateur et de vous dire : Jugez l'arbre à ses fruits. J'essaierai
toutefois de vous retracer le tableau des vertus apostoliques de saint Dominique et de vous montrer comment il
pourvut à la perpétuité d'un apostolat si fécond. En deux
mots saint Dominique apôtre et père d'apôtres, tel sera le
sujet et le partage de ce discours.

Est-il rien de plus grand, Mes Frères, que l'apostolat
chrétien? Considéré dans son origine, dans son but, dans
sa nature comme dans les qualités qu'il requiert, il l'emporte sur toutes les grandeurs humaines et il est entouré
d'une auréole divine. Il est sorti du Cœur de Jésus pour
être le héraut et le dispensateur de ses mérites. Il tend à
conquérir les âmes, à les éclairer, à les purifier, à leur
donner cette abondance de vie qui est la vie de Dieu même.
Voilà pourquoi Jésus-Christ fait précéder sa divine institution de ces grandes et solennelles paroles : « Toute puissance m'a été donnée au Ciel et sur la terre, et comme mon
Père m'a envoyé, je vous envoie ».

Mais, que de vertu ne suppose pas cette mission dans
ceux qui en sont revêtus! Regardez, leur dit l'Écriture, et
conformez-vous au divin modèle qui vous a été donné sur
la montagne. Or, la montagne, c'est le Calvaire, le modèle,
c'est Jésus-Christ. Faudra-t-il donc que l'Apôtre devienne
semblable à l'Homme-Dieu? c'est-à-dire, faudra-t-il que cet
homme qui par nature est égoïste, embrasse une vie de
dévouement? que cet homme porté par instinct à la sen-
sualité, ne recherche que privations et amertume? que cet

homme enfin, en qui s'incarne l'orgueil, demeure dans la dépendance et l'humilité? Oui, Mes Frères, les âmes ne se rachètent qu'au prix même que Jésus-Christ les a rachetées. A Jésus-Christ elles ont coûté des larmes, des sueurs, des opprobres et jusqu'à la dernière goutte de son sang; à ses auxiliaires dans son œuvre de salut, elle coûteront le même prix; et l'apostolat, malgré ses splendeurs divines, n'est qu'un appel à tous les dévouements, à tous les sacrifices et à la prière continuelle pour féconder ses travaux et obtenir le succès.

Réunissez tous ces éléments dans un homme, donnez-lui ce je ne sais quoi qui fascine et qui entraîne, et pour le consacrer, faites retentir sur sa tête ces paroles du Maître : « Allez, enseignez toutes les nations », vous aurez devant vous plus que la science, plus que le génie, plus qu'une armée rangée en bataille, vous aurez devant vous le chef-d'œuvre de Dieu, un apôtre, un saint Dominique.

C'est dans un humble village de la vieille Castille, en 1170 que naquit saint Dominique. Il appartenait à une de ces familles qu'on peut appeler vraiment nobles parce que leur noblesse ne se fonde pas seulement sur l'ancienneté du nom et sur l'éclat des titres, mais sur la continuité des services rendus à l'État et à l'Église, familles privilégiées dans lesquelles se rencontre l'heureuse alliance de la grandeur humaine avec la vertu chrétienne.

O belle et tendre fleur de la maison des Gusman, je te salue! Charmant enfant autour duquel je crois voir les anges étendre leur blanches ailes pour protéger ton berceau, déjà tu portes sur ton front le sceau d'une destinée sublime, et mon regard, en contemplant ton présent, entrevoit la gloire de ton avenir ! Un signe célèbre avait en effet précédé la naissance de Dominique. Sa mère l'avait vu en songe sous la forme d'un chien qui tenait dans sa gueule un flambeau et qui s'échappait de son sein pour embraser toute la terre. Au jour de son baptême, une étoile apparaît sur son front et y laisse un rayon qui ne s'effacera pas.

C'est d'abord dans le sanctuaire de la vie domestique que la vie se forme et que l'homme se fait. Le Ciel avait donné à Dominique pour féconder sa jeune âme un ange de sollicitude et de tendresse, et, sous l'influence de cette parole maternelle qui porte dans son intelligence et dans son cœur la lumière et l'amour, il est initié dès l'âge le plus tendre aux mystères de la vie du Sauveur. A peine peut-il remuer ses membres que déjà il se lève secrètement la nuit, se couche par terre comme pour habituer son corps aux durs exercices de la pénitence et donne à la prière le temps qu'il dérobe à son repos.

L'Église, cette autre mère qui seule a le secret de préserver de tout souffle impur le cœur de l'enfant et de développer en lui les germes de vertu qu'y a déposés la parole d'une sainte, recueillera ce dépôt jusque là si fidèlement gardé, et quand viendra pour Dominique l'heure de s'arracher aux embrassements maternels pour se livrer à l'étude, le soin de son éducation sera confié tout d'abord à l'archiprêtre de Gumiel d'Izan son oncle.

A 15 ans, il entra à l'université de Palencia. Il y vécut comme un ange. C'était, nous dit son historien, merveille de voir cet homme en qui le petit nombre d'années, accusait la jeunesse révéler le vieillard par l'austérité de ses mœurs et la maturité de son esprit. Dans la science comme dans la vertu, il marche d'un pas rapide. *La théologie n'a pas de secrets pour lui ;* sa charité ne connaît pas de bornes. Durant une famine qui désole l'Espagne, il donne tout, jusqu'à ses vêtements, et pour donner encore, il vend jusqu'à ses livres. L'aumône épuise ses ressources, son cœur ne s'épuise jamais, et il voudrait se vendre luimême pour racheter un captif.

Dieu qui l'appelle à de hautes destinées, suscite un homme de forte trempe pour l'introduire dans la carrière et diriger ses premiers pas dans la vie religieuse, Diégo d'Avézédo, prieur des Chanoines réguliers d'Osma, l'ami puis l'évêque de Dominique, voilà son guide. Il passe 9 ans avec ce maître vénérable, apprend à connaître les hommes, se plie aux habitudes de la vie commune, en saisit les ressorts et les difficultés, en pratique les vertus et quand il a atteint la plénitude de l'âge et de la perfection, il reçoit des mains de ce père bien-aimé l'onction et la grâce du sacerdoce et part avec lui, à l'âge de 34 ans pour une mission en Danemark. Pressés par la charité de Jésus-Christ, sans argent et sans ressources, ces deux héros, le bâton à la main, la prière sur les lèvres, descendent des hauteurs des Pyrénées dans le midi de la France alors infecté par le venin de l'hérésie des Albigeois. Ils arrivent à Toulouse. Dominique s'aperçoit que son hôte est hérétique, et pour payer l'hospitalité qu'il en reçoit il passe la nuit à le convertir. Dieu bénit son zèle et le lendemain, le soleil à son lever apporte à l'un et à l'autre la lumière dont ils ont besoin : à l'hérétique la lumière de la foi, à Dominique la lumière de sa vocation. L'Apôtre est créé, et il est créé tel qu'il le faut pour l'époque, avec la double connaissance de son mal et des remèdes propres à le guérir. *Ab non disce omnes*, tel est celui-ci, tels sont les autres ; c'est par la doctrine et l'autorité de la vertu que tu l'as ramené, c'est par les mêmes moyens que tu ramèneras les autres. Voilà ce qu'il se dit, ce qu'il fit et ce qui fut la cause de son immense succès.

A son retour de Danemark, Dominique va voir Pierre, dépose à ses pieds l'hommage de sa foi, revient dans le midi de la France, y fixe le centre de son apostolat et se met à l'œuvre. Adaptant ses prédications aux besoins de ces malheureux hérétiques, il se fait tout à tous pour les gagner tous à Jésus-Christ; il réforme leurs idées, leurs sentiments, leur langage, leurs mœurs, et apparait tour à tour, selon les circonstances, comme un flambeau qui éclaire, une flamme qui échauffe, un tonnerre qui gronde, une foudre qui éclate, une mère qui pleure, un martyr qui atteste. Il poursuit l'hérésie dans ses prétextes, ses sophismes, ses préjugés, il lui arrache son masque et l'accablant sous l'éclat et la puissance de sa logique irrésistible, il la force à se jeter à genoux pour crier pardon et réciter le *Credo*.

A l'éloquence d'une parole toujours opportune, Dominique ajoute l'éloquence des œuvres. La vertu pratiquée jusqu'à l'héroïsme, non-seulement convainct, elle persuade, elle touche, elle pénètre, elle s'impose avec une autorité sans réplique. Comment résister à qui vient à nous et nous dit comme le Maître : Si vous n'en croyez pas à mes paroles, croyez du moins à mes œuvres? Tel fut encore Dominique. Dans les courses qu'il entreprend, il marche toujours à pied, sans chaussure. Les cailloux l'ensanglantent, les ronces le déchirent, peu lui importe, il est tout à la joie que lui cause la conversion d'un hérétique qui l'a trompé dans sa route et qui, touché par ce spectacle, implore son pardon. Arrivé au terme de ses voyages, il renchérit encore sur ses austérités. A peine prend-il quelques heures de repos sur une misérable planche. Le plus souvent, il passe ses nuits à genoux au pied du tabernacle, répandant devant Dieu sa prière et ses larmes. Les jeûnes, les veilles, les cilices, rien ne saurait rassasier son âme insatiable de sacrifices. Jusqu'à son dernier soupir, il rêve le martyr dans les contrées barbares et infidèles. Les hérétiques lui demandent un jour ce qu'il eût fait s'il fût tombé entre leurs mains. « Je vous aurais priés, répond-il, de verser mon sang goutte à goutte, de déchirer mes membres un à un, afin d'embellir ma couronne en multipliant mon supplice. Faute de bourreau, il devient à lui-même son propre bourreau : trois fois par jour il se meurtrit les reins avec une chaine de fer et pendant plusieurs siècles, la grotte de Ségovie a gardé la trace de l'excès de ses immolations.

Et cependant, Mes Frères, il se regarde comme le dernier des hommes. Chaque fois qu'il entre dans une ville, il craint d'attirer sur elle par sa présence la foudre vengeresse, et, prosterné la face contre terre, il supplie Dieu de l'épargner. Mais le Seigneur, fidèle en ses promesses, l'exalte dans la mesure même de son humilité et donne à son ministère la plus solennelle des consécrations en le revêtant de sa toute-puissance. Si vous observez mes préceptes, avait dit Jésus-Christ à ses disciples, vous accomplirez les merveilles que j'ai accomplies et de plus grandes encore ; et comme Jésus, voilà que Dominique multiplie les pains, guérit les malades, sauve les naufragés, ressuscite les morts ; et comme les Apôtres, voilà que Dominique parle des langues qu'il n'a point apprises et qu'il est entendu dans la sienne par des auditeurs qui ne la connaissent pas ; voilà que les anges le servent à table et que le Ciel se fait son trésorier pour payer son passage à un batelier. Il paraît à tous un grand apôtre entouré de prodiges et de miracles. En même temps que les erreurs tombent devant sa parole, les vices devant ses vertus et les égoïsmes devant ses dévouements, la nature elle-même, malgré l'inflexibilité de ses lois, s'incline en sa présence pour saluer en lui la toute puissance et la vertu divines et crier sur son passage : voici l'homme de Dieu !

Mais, le plus puissant instrument de l'apostolat de saint Dominique, vous le connaissez. Mes Frères, c'est le Rosaire que vous récitez avec tant d'amour et de confiance ; institution admirable, prière sublime, qui renferme le symbole complet de notre foi, le code parfait de nos devoirs, l'entière expression de nos besoins.

Le caractère propre de l'apostolat de saint Dominique a été de prêcher Jésus-Christ par Marie, par Celle qui, seule, dans le monde, selon l'expression de la sainte liturgie, a tué toutes les hérésies. Divine inspiration, Mes Frères, en face de ces erreurs qui tendaient à noyer dans la fange la notion virginale de Jésus-Christ. Ce qui distingue encore la pieuse institution de Dominique, c'est que son Rosaire est à la fois une prière et un enseignement qui se prêtent un mutuel concours. La prière imprime l'enseignement dans l'âme, l'enseignement éclaire, échauffe et nourrit la prière.

Cette prière et cet enseignement produisent ainsi et entretiennent la foi en même temps qu'ils la rendent agissante et la portent à la pratique de toutes les vertus chrétiennes.

Jésus-Christ vu, atteint, appréhendé par Marie et à travers Marie, voilà donc le Rosaire. Jésus-Christ est l'objet premier et final de cette dévotion, comme de toute dévotion catholique, néanmoins, c'est d'abord dans la pensée de l'Église et des fidèles une dévotion de la sainte Vierge, et cet *Ave Maria* qui y tient une si large place, cet *Ave Maria*, exorde de la Rédemption, rappelle, à coups répétés, ce qu'il a produit et ce qu'il continue de produire par Marie. Marie et Jésus, dans leur vie et leurs mystères, se déroulent sous les yeux, volent sur les lèvres, se sèment et germent dans l'esprit et dans le cœur avec les grains du Rosaire.

Telles furent, Mes Frères, les armes de Dominique pour le triomphe de la vérité. A quoi bon après cela suivre cet Apôtre à travers l'Espagne, la France, l'Italie et tous les pays qu'il évangélisa? Partout nous entendrions la grande voix de l'histoire faire écho à l'infaillible voix de l'Église pour proclamer qu'il fit des choses incroyables et lui donner ce surnom respecté de tous les siècles, qui résume toute sa gloire et qu'il est seul à porter dans l'Église de Dieu, de prêcheur incomparable et de maître en la prédication.

Quels que soient le génie et la vertu d'un homme, il lui manque quelque chose lorsqu'il est seul en face d'un siècle troublé. Dominique l'a compris.

Le XIIIe siècle s'était levé orageux et sombre. Si dans le monde politique de grands évènements avaient signalé ses premiers pas, dans la sphère des idées et de la religion, de vastes tempêtes s'élevaient menaçantes. Jamais les âmes, non-seulement dans le midi de la France, mais dans toute la catholicité, n'avaient été en proie à de pareils troubles depuis les luttes immenses de l'Arianisme. La Papauté, l'Église, le dogme Chrétien, l'édifice entier de la religion sont battus en brèche par des tourbillons d'idées sortis des abîmes du passé et de l'avenir. Les débris ranimés des âges éteints s'entreheurtent avec les germes des temps futurs qui s'efforcent d'éclore sous des formes multiples et bizarres. Le schisme grec était affermi. Les téméraires conceptions du génie arabe, les traditions altérées du magisme persan et des vieilles hérésies mystiques qui avaient tenté de perdre le christianisme à son origine surgissent à leur tour, pêle-mêle avec de nouvelles et audacieuses interprétations de l'Évangile et se liguent contre les enseignements de l'église. L'Arche sainte elle-même semble avoir perdu presque tous ses défenseurs, tellement le sel de la terre est affadi. Écoutez le cri d'alarme que jette à toute la société chrétienne le grand Pape Innocent III, témoin désolé des désordres et de la décadence de l'Église : « Le pasteur est dégénéré en mercenaire, il ne paît plus le troupeau ; il laisse faire les loups qui entrent au bercail et ne s'oppose pas comme un mur aux ennemis de la maison du Seigneur ». Mais, le Christ l'a juré : il n'abandonnera pas sa divine épouse. Pendant que pour la défense des droits de l'Église les Croisés s'illustrent sur les champs de bataille et que Montfort fait éclater sa valeur par de belles actions parfois mêlées d'ombres, l'homme de Dieu, retiré du bruit et du sang, poursuit son œuvre et conçoit le projet d'associer à son apostolat des hommes qui le multiplieront dans le présent et le perpétueront dans l'avenir.

Le nouvel institut devait être à la fois ancien et nouveau : ancien par ses éléments, nouveau par sa composition.

C'était l'union de deux vies qui avaient toujours marché parallèlement dans l'Église, sans jamais se confondre, la vie du moine et la vie de l'apôtre. Ravir le cloître à ses silencieuses retraites, le transporter dans le monde avec sa manière de vivre et travailler à la conquête des âmes, tel était le plan de Dominique.

Toute œuvre excellente commence modestement. Dieu fait grandir, souvent au milieu des épreuves, celles qu'il juge dignes de concourir à sa gloire. Le saint Patriarche avait déjà fondé au pied des Pyrénées, sous la protection de Notre-Dame de Prouille, un monastère destiné à recueillir

les jeunes filles pauvres exposées aux pièges de l'erreur ;
il y avait admis les âmes pieuses qui avaient souhaité se
consacrer à Dieu entre ses mains. Mais, ce n'étaient là que
les prémices des institutions dominicaines. Il était à Toulouse avec ses six premiers disciples lorsqu'il partit pour
Rome chercher les bénédictions sans lesquelles une œuvre
catholique ne saurait être durable et prospère. Dès la
première nuit il voit en songe le Christ irrité prêt à frapper
le monde coupable, mais pour l'apaiser, Marie lui présente
Dominique avec un homme qu'il n'a jamais vu. Le lendemain, il entre dans une église, y voit un pauvre en haillons,
le reconnaît pour le compagnon que Marie lui donne. « Tu
es mon frère, lui dit-il en l'embrassant, tu cours dans la
même lice que moi : Soyons ensemble et nul ne prévaudra
contre nous ». Ce mendiant était François d'Assise. Il avait
formé le projet de sauver le monde par l'humilité et l'amour
pendant que Dominique consacre à la même œuvre la
lumière et la science. Ces deux frères qui se reconnaissent
et s'embrassent à la porte du temple resteront unis par les
liens d'une éternelle amitié. Ils la transmettront à leurs
fils comme un précieux héritage et les deux ordres des
Frères-Prêcheurs et des Frères-Mineurs, semblables à deux
fleuves bienfaisants, arroseront la terre de l'Eglise universelle par leur doctrine, leurs vertus, leurs mérites, et peu-
pleront le Ciel de leurs Saints, sans que jamais le moindre
souffle vienne ternir le cristal si pur de leur amitié six fois
séculaire. Un cri d'admiration et de reconnaissance retentit
partout et toujours en leur honneur, dans les constitutions
des Souverains Pontifes et jusque dans les chants des
poëtes. Et, à l'heure présente, en face des périls qui mena-
cent la Société moderne, le grand Pape qui préside si sage-
ment aux destinées de l'Eglise fait appel en même temps
aux deux forces capables de conjurer le mal : le Rosaire de
saint Dominique et le tiers-ordre de Saint-François.

Dominique cependant n'avait point obtenu l'approbation
d'Innocent III. Où il cherchait un berceau, il ne trouve
d'abord qu'une tombe. Le fils de tant de tendresse et de
tant d'espérance est immolé par la main qui devait le
bénir ! Fidèle gardien du privilège des évêques à qui seul
avait appartenu jusque-là le ministère de la parole, religieux observateur des décrets du Conseil de Latran qui
interdisait la création de nouveaux ordres religieux, le
Pape ne fut en cette circonstance que le serviteur éclairé

de ses devoirs et l'exécuteur de la terrible sentence portée par Dieu contre tout enfantement : *In dolore paries*, Tu enfanteras dans la douleur.

Le temps de l'épreuve est passé. Le Ciel met fin aux anxiétés d'Innocent III ; il lui fait voir la basilique Latran sur le point de crouler, et Dominique qui en soutient sur ses épaules les murailles chancelantes. Averti par cette vision de la volonté de Dieu, le Pape appelle Dominique et cette fois, avec une effusion paternelle, il lui répète en le bénissant cette parole de la Création : *Crescite et multiplicamini*, croissez et multipliez. Ivre de joie, Dominique court porter à ses frères cette parole de vie. Déjà elle avait produit ses fruits. Il les retrouve au nombre de seize, leur choisit une règle, les pénètre de l'esprit de son institut, en fait de véritables apôtres. C'est ce que constate la bulle de consécration définitive adressée quelques mois après par le Pape Honorius III aux Frères-Prêcheurs : « Vous répandez, y était-il dit, un parfum qui réjouit le cœur. Athlètes invincibles, vous portez le bouclier de la foi et le casque du Salut, sans crainte de ceux qui peuvent tuer le corps, employant avec magnanimité cette Parole de Dieu qui va plus loin que le glaive le plus aigu ». Fort de ce témoignage, Dominique ne modère plus son zèle. Le grain, répond-il à ceux qui craignent, fructifie quand on le sème, il se corrompt quand on le tient entassé, et il les envoie. Pareils à des étincelles qui jaillissent d'un vaste incendie, ils vont embraser toute l'Europe. Jamais, depuis les temps apostoliques, rien ne s'était vu de semblable. Mais comment dire leurs triomphes ? En moins de 4 ans, ils avaient déjà conquis plusieurs royaumes, et lors de la deuxième assemblée générale à Bologne, Dominique peut compter huit provinces et soixante couvents. Ah ! c'est que cet ordre répondait non-seulement aux vues de Dieu, mais encore au cœur et aux besoins du peuple.

La France, toutefois, aura l'honneur de posséder les premières maisons de l'ordre. Pendant que Mathieu de France fonde le couvent de Saint-Jacques à Paris. Bertrand de Garrigue établit celui de Saint-Romain à Toulouse et il est permis de dire en toute vérité que l'ordre de Saint-Dominique est éminemment français. Que l'Espagne se glorifie d'avoir donné le jour au saint fondateur, que Bologne garde avec un soin jaloux ses restes précieux, c'est à la France que Dominique a fait la plus large part de son apostolat, c'est avec des âmes françaises qu'il a peuplé le monastère de Prouille. c'est sur la terre de France que, sous l'inspiration de la divine mère de Dieu, il a établi le Rosaire, que son ordre a pris naissance et c'est encore parmi les enfants de la France que se recrutent en plus grand nombre ses premiers disciples, tant il est vrai que la France est une terre féconde et qu'elle a le don de se passionner pour tout ce qui est grand. Elle ne compte ni avec Dieu ni avec l'Eglise. Elle a des enfants à donner, du sang à verser pour toutes les nobles causes et il lui en reste toujours assez pour entreprendre une œuvre généreuse et pour accomplir un sacrifice héroïque.

Il semble, Mes Frères, que Dominique soit au comble de ses vœux et pourtant, son zèle n'est encore pas satisfait. Il faut que la vie religieuse pénètre au sein même du foyer domestique. Sous le titre de milice de Jésus-Christ, il institue un troisième ordre, ou plutôt le troisième rameau du même ordre qui embrasse dans sa plénitude les hommes. les femmes, les gens du monde. Retenus au milieu des préoccupations du siècle, les tertiaires revêtiront les livrées dominicaines, fréquenteront les églises de l'ordre, participeront à ses prières, vivront de sa vie et pratiqueront dans leurs maisons toutes les vertus du cloître.

Dominique a accompli sa mission ici-bas. Pour la dernière fois, il prend le chemin de la Ville éternelle qui a tenu une si large place dans ses affections, reçoit pour lui et pour les siens la bénédiction du Vicaire de Celui qu'il a aimé et servi tous les jours de sa vie et revint à Bologne où le Seigneur a marqué le terme de ses travaux. Viens, mon bien-aimé, lui dit-il, viens dans la joie. Dominique a entendu l'appel d'en haut ; il annonce son prochain départ pour le ciel, reçoit les sacrements des mourants, dispose tout pour le moment suprême et adresse en forme de testament cette dernière recommandation à ses frères : « Ayez la charité, gardez l'humilité, possédez la pauvreté volontaire ». La charité elle éclate, dans sa dernière prière : Père-Saint, j'ai accompli votre volonté, et ceux que vous m'aviez donnés, je les ai conservés et gardés ; maintenant je vous les recommande, conservez-les et gardez-les. L'humilité, il en donne l'exemple en faisant la confession publique de ses fautes et en sollicitant d'être enseveli sous les pieds de ses frères. La pauvreté, il la pratique jusque dans les bras de la mort : il rend le dernier soupir dans une cellule qui n'est pas la sienne, couché sur un sac de laine et revêtu d'une tunique d'emprunt.

Dominique a quité la terre, mais il nous reste tout entier dans son institut, il nous reste avec une puissance et une fécondité sans exemple. C'est ici surtout, Mes Frères, que le panégyriste se désole et se désespère, tant il est incapable de montrer tous les germes, toutes les semences, tous les flots de vie qui s'élancent de cette tombe ! C'est vraiment l'Eglise entière qui s'en élève, l'Eglise dans toutes ses forces, dans toutes ses œuvres, dans toutes ses gloires.

Voici l'Eglise mystique : Ce sont les Taulère, les Louis de Grenade, les Catherine de Sienne, les Rose de Lima et tant d'autres Séraphins de la terre dominicaine qui, après avoir brillé d'un vif éclat dans le monde, lui disent un éternel adieu et passent leur vie dans l'éternité en contemplant le Ciel.

Voici l'Eglise savante, l'Eglise des docteurs : Ce sont les Antonin, les Albert-le-Grand, les Vincent de Beauvais, et pour en nommer qu'un autre qui à lui seul fait autorité, saint Thomas, qui, sur les ailes de son incomparable génie, emporte si avant la raison humaine dans les mystères de Dieu qu'elle tremble à chaque instant d'en déchirer le voile et d'en être éblouie.

Voici l'Eglise martyre : C'est entre mille, Pierre de Vérone tombé sous le fer des assassins après une longue carrière apostolique, et écrivant sur le sable avec le sang de ses blessures les premières paroles du symbole des apôtres : *Credo in Deum.*

Voici l'Eglise évangéliste : Ce sont les Hyacinthe, les Réginald, les Vincent Ferrièr.

Voici l'Eglise artiste : C'est l'étoile de l'école florentine, Fra Bartholomeo, c'est son maître, Fra Angélico de Fiésole, ce Dante de la peinture qui semble avoir ravi aux anges leurs pinceaux et qui peint les scènes du Ciel comme elles ne peuvent être peintes que là-haut.

Voici, et pourquoi ne la nommerais-je pas ? Voici l'Eglise patriotique, cette Eglise qui aime la terre sacrée du berceau, du baptême, de la 1re communion, du foyer et de la tombe, cette Eglise qui veut la gloire et la grandeur du peuple dont elle a le sang dans les veines et qui fait tout pour éloigner de lui les malheurs, c'est, pour n'en citer qu'un seul, car il faudrait les citer tous (il n'y a pas de religieux qui n'aime sincèrement sa patrie), c'est, dis-je, Jérôme Savonarole, ce persécuteur des persécuteurs, l'effroi des tyrans, l'amour et l'enthousiasme de ses concitoyens, dont le Pape Paul III a pu dire qu'il regarderait comme suspect d'hérésie quiconque oserait en accuser ce grand homme, dont saint Philippe de Néri garda toujours dans sa cellule la précieuse image, Savonarole enfin, dont la mémoire aujourd'hui vengée, deviendra un jour aussi pure, aussi éclatante que la flamme du bûcher où il eut une fin si tragique.

O Jacob, s'écriait le prophète, que tes tentes sont belles! O Dominique, pouvons-nous dire que ta race est splendide ! Que tes enfants sont illustres ! Et pourtant tout n'est pas là. Je devrais vous montrer encore l'Eglise pastorale dans ses plus hautes dignités et faire passer sous vos yeux avec l'habit de saint Dominique, une longue suite d'évêques, d'archevêques, de patriarches, de nonces, de légats, de cardinaux ; plusieurs papes, au milieu desquels se dresse toute rayonnante des splendeurs de la sainteté et du génie la grande figure de Pie V, le pieux serviteur de Notre-Dame du Rosaire, le réformateur de la liturgie, le conseiller des rois, l'inspirateur de tous les dévouements, le vainqueur de Lépante qui, par sa foi et sa prière porta à la Réforme et à l'Islam un coup dont il n'ont jamais pu se relever. Ce n'était donc pas un rêve que le songe d'Innocent III. L'ordre de saint Dominique a été réellement ce qu'il lui était apparu, la colonne de l'Eglise.

Et de nos jours encore, quand sous le faux nom de science, de lumière, de progrès, de civilisation, le rationalisme, c'est-à-dire l'erreur universelle, s'est levé pour éteindre la foi et anéantir l'Eglise ; qui s'est levé d'un autre côté dans la force et la vigueur d'un géant pour les défendre et les maintenir à leur rang de respect et d'honneur ? Qui a ramené dans notre pays, à la suite des fils de Saint-Dominique, les fils de Saint-François, de Saint-Ignace, de Sainte-Thérèse et tous les ordres religieux ? Ah ! je n'ai pas besoin de le nommer. Son nom est sur toutes les lèvres comme son souvenir au fond de tous les cœurs, et ce sera, Mes Frères, l'éternelle gloire de votre province illustrée déjà par les Bernard et les Bossuet, de compter encore le père Lacordaire au nombre de ses enfants. En lui, je me plais à saluer non-seulement le génie de l'éloquence, mais la vertu des saints, et si la France un jour lui a élevé une statue, pourquoi n'appellerions-nous pas de nos vœux le jour où nous verrions l'Eglise lui élever un autel ?

Et maintenant, passez Mes Frères, au milieu de ce monde incrédule et viveur ; portez avec une noble fierté la couronne et le blanc vêtement de Saint-Dominique, symboles d'innocence et de sacrifice, le Dominique du xixe siècle vous a donné le droit de cité dans la patrie française. Sans doute, elle peut bien cette patrie, avoir ses heures d'égarement et d'oubli, mais le droit et la justice refleurissent toujours au soleil de la France.

Enfin, Mes Frères, tournez vos regards vers la capitale, le rendez-vous de toutes les illustrations de la science, pénétrez dans cette basilique dont les voûtes séculaires ont abrité tant de gloires et retenti des plus sublimes accents ; là encore, un fils de Saint-Dominique, développant les leçons de l'Ange de l'Ecole, tient sous le charme et l'autorité de sa parole l'élite des intelligences, et force le respect et l'admiration pour la vérité catholique, tant il est vrai que l'arbre de Saint-Dominique conserve toute la vie, toute la sève qu'il a reçue au premier jour.

Voilà pourquoi, à l'heure où je parle, et après six siècles d'existence, ses fruits sont comme ceux de sa jeunesse, toujours les mêmes fruits de science, de vertu, de sainteté et même de martyre. Et il en sera ainsi jusqu'à la fin, car, comme l'a dit le plus éloquent de ses fils, l'ordre de Saint-Dominique ne saurait périr, il est de la race des chênes, c'est-à-dire de race immortelle.

Dijon — Imp. Damongeot et Ce, rue St-Philibert, 40.